Les sports

QuébecAmérique

Projet dirigé par Marie-Anne Legault, éditrice

Chargée de projet et conceptrice : Joliane Roy
Rédaction : Pascal Henrard
Expert-consultant : Martin Côté
Conception graphique et mise en pages : Fedoua El Koudri et Gabrielle Deblois
Illustrations : Valérie Desrochers et Marthe Boisjoly
Révision linguistique : Sabrina Raymond
Conseillère pédagogique : Anne Gucciardi

Québec Amérique
7240, rue Saint-Hubert
Montréal (Québec) Canada H2R 2N1
Téléphone : 514 499-3000, télécopieur : 514 499-3010

Nous reconnaissons l'aide financière du gouvernement du Canada.

Nous remercions le Conseil des arts du Canada de son soutien.
We acknowledge the support of the Canada Council for the Arts.

Nous tenons également à remercier la SODEC pour son appui financier.
Gouvernement du Québec – Programme de crédit d'impôt pour l'édition de livres – Gestion SODEC.

Catalogage avant publication de Bibliothèque et Archives nationales du Québec et Bibliothèque et Archives Canada

Titre : Les sports / QA collectif.
Description : Mention de collection : Sa[voir]
Identifiants : Canadiana (livre imprimé) 20210058722 |
Canadiana (livre numérique) 20210058730 | ISBN 9782764444474 |
ISBN 9782764444481 (PDF)
Vedettes-matière : RVM : Sports—Ouvrages pour la jeunesse. |
RVMGF : Documents pour la jeunesse.
Classification : LCC GV705.4.S66 2021 | CDD j796—dc23

Dépôt légal, Bibliothèque et Archives nationales du Québec, 2021
Dépôt légal, Bibliothèque et Archives du Canada, 2021

Crédits photo

p. 7 : Yongyut Kumsri / shutterstock.com et Bull leaping minoan fresco archmus Heraklion / wikimedia.com

p. 9 : La Vie au Grand Air, Les policemen de Londres vainqueurs du tir a la corde aux JO de 1920 - 2 / wikimedia.com

p. 10 : Abebe Bikila maratona olimpica Roma 1960 / wikimedia.com

p. 11 : Nadia Comăneci Montreal 1976d / wikimedia.com et Nadia Comăneci Montreal 1976e / wikimedia.com

p. 12 : Diego Barbieri / shutterstock.com et J. Henning Buchholz / shutterstock.com

p. 14 : Dani Llao Calvet / shutterstock.com

p. 16 : Mike Broglio / shutterstock.com

p. 17 : Marius_Comanescu / shutterstock.com

p. 18 : Ben Toolis on Hunt / wikimedia.com

p. 19 : State Library and Archives of Florida, All American Girls Professional Baseball League player Marg Callaghan sliding into home plate as umpire Norris Ward watches / wikimedia.com et State Library and Archives of Florida, View of All American Girls Professional Baseball League member Dottie Schroeder getting a hit / wikimedia.com

p. 20 : sunsinger / shutterstock.com

p. 21 : Aizzul A Majid / shutterstock.com

p. 25 : Rob C. Croes/Anefo, Elfstedentocht finish (1985) / wikimedia.com et Notman & Son/ Library and Archives Canada, Ice hockey McGill University 1901 / wikimedia.com

p. 26 : Parilov / shutterstock.com

p. 27 : muzsy / shutterstock.com

p. 28 : Radu Razvan / shutterstock.com

p. 29 : Jason Benz Bennee / shutterstock.com

Ligne du temps : Iryna Palmina / shutterstock.com, ArtMari / shutterstock.com, Voropaev Vasiliy / shutterstock.com, SkyPics Studio / shutterstock.com et Anatolir / shutterstock.com

AUTOUR DU MONDE, c'est un voyage qui te fait découvrir les multiples facettes des peuples et des pays du monde.

LES SPORTS ont marqué au fil du temps les diverses cultures de notre planète, qu'ils soient pratiqués pour la compétition, pour garder la forme ou simplement pour le plaisir de jouer. Si partout sur Terre on court à peu près de la même manière, c'est-à-dire en mettant un pied devant l'autre, chaque culture pratique le sport à sa façon, selon ses traditions.

Mais quels sont ces sports ? Quelles sont ces traditions ?

Chaque fois que tu vois un mot en orange, c'est que sa définition se trouve dans le glossaire à la dernière page !

Table des matières

Les Jeux olympiques

1 Jeux olympiques, Grèce, p. 8

L'athlétisme

2 Marathon, Afrique de l'Est, p. 10

La gymnastique

3 Gymnastique, Allemagne, p. 11

Les sports de combat

4 Lutte, Iran, p. 12

5 Evala, Togo, p. 12

6 Kung-fu, Chine, p. 13

7 Sumo, karaté et judo, Japon, p. 12-14

8 Taekwondo, Corée du Sud, p. 14

9 Capoeira, Brésil, p. 14

10 Escrime, Europe, p. 15

11 Kendo, Japon, p. 15

Les sports de balle et de ballon

12 Ulama, Mexique, p. 16

13 Crosse, Canada, p. 16

14 Soccer, France et Angleterre, p. 17

15 Football américain, États-Unis, p. 18

16 Rugby, Afrique du Sud, p. 18

17 Cricket, Inde, p. 19

18 Baseball, États-Unis, p. 19

19 Basketball, États-Unis, p. 20

20 Pato, Argentine, p. 20

21 Volleyball de plage, États-Unis, p. 21

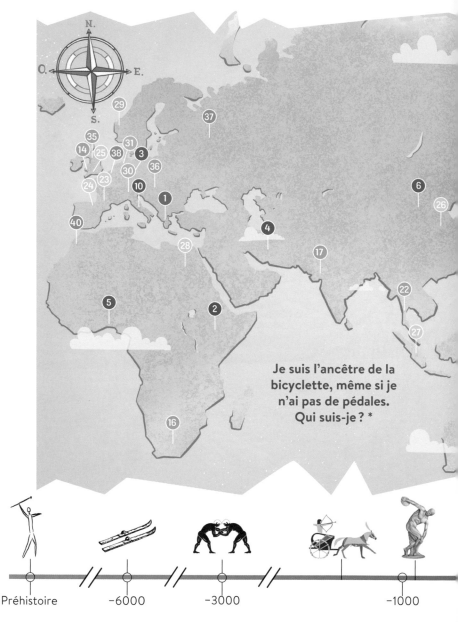

Je suis l'ancêtre de la bicyclette, même si je n'ai pas de pédales. Qui suis-je ? *

Ligne du temps

Années

Préhistoire   −6000   −3000   −1000

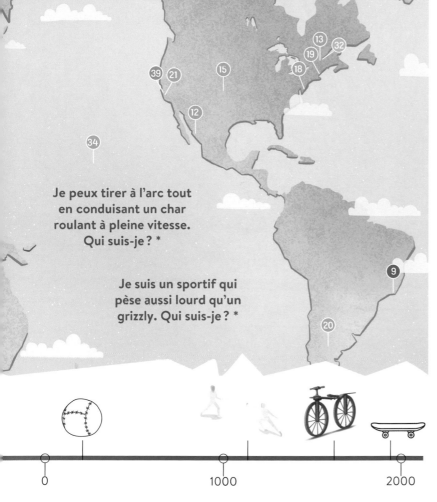

Je peux tirer à l'arc tout en conduisant un char roulant à pleine vitesse. Qui suis-je ? *

Je suis un sportif qui pèse aussi lourd qu'un grizzly. Qui suis-je ? *

22 Sepak takraw, Malaisie et Thaïlande, p. 21

Les sports de raquette

23 Jeu de paume, France, p. 22

24 Pelote basque, France et Espagne, p. 22

25 Tennis, Angleterre, p. 23

26 Tennis sur table, Chine, p. 23

27 Badminton, Indonésie, p. 23

28 Squash, Égypte, p. 23

Les sports de neige et de glace

29 Ski, Scandinavie et Russie, p. 24

30 Luge, Suisse, p. 24

31 Patin de vitesse, Pays-Bas, p. 25

32 Hockey, Canada, p. 25

Les sports aquatiques et nautiques

33 Kayak, Grand Nord, p. 26

34 Surf, Hawaï, p. 26

35 Natation, Angleterre, p. 27

36 Water-polo, Hongrie, p. 27

Les sports sur roues

37 Cyclisme, France et Russie, p. 28

38 Patin à roulettes, Belgique, p. 29

39 Planche à roulettes, États-Unis, p. 29

40 Rallye automobile, Maroc, p. 29

41 Course de voitures solaires, Australie, p. 29

* Tu trouveras les réponses dans ce livre.

Table des matières 5

Mais encore, c'est quoi *un sport* ?

Tu cours ? Tu joues au ballon ? Tu fais du vélo ? C'est du sport ! Le sport est une activité physique pratiquée en suivant certaines règles, certaines techniques. Il fait appel à des habiletés particulières. On pratique le sport pour faire de l'exercice, pour s'amuser, pour se mesurer aux autres ou pour se dépasser soi-même.

Un peu d'histoire

Dès la préhistoire, l'exercice physique a fait partie du quotidien des humains : courir, nager, sauter, lancer ou manier des objets tels que des armes... Toutes ces actions servaient d'abord à lutter pour sa **survie**. L'activité physique était liée à des occupations comme la cueillette, la pêche et la chasse, ou encore à la lutte contre les **prédateurs** et les ennemis. La nécessité de s'entraîner pour devenir meilleur à la chasse ou au combat est sans doute à l'origine des premières compétitions sportives.

Des sports très anciens

Déjà, dans l'Égypte antique, des tournois sportifs étaient organisés dans diverses disciplines. On a trouvé sur les murs des temples des œuvres datant de plus de 3000 ans représentant des coureurs, des jeux de lutte, des rameurs ou des archers en action. Des scènes montrent même des pharaons qui exercent le tir à l'arc en pleine course de chars !

Plus au nord, les Inuits pratiquent depuis longtemps des épreuves de lancer du harpon, de sauts et de courses de traîneaux à chiens. Encore aujourd'hui, des Jeux de l'Arctique sont organisés chaque année et rassemblent des athlètes de tout le cercle polaire.

LE SAUT DU TAUREAU

On a découvert dans les ruines du palais de Knossos, sur l'île de Crète (Grèce), une **fresque** vieille de 3500 ans montrant des acrobates qui font des voltiges sur le dos d'un taureau ! Ce sport était très populaire chez les Minoens, une civilisation de la Grèce antique.

Les Jeux olympiques

Un peu d'histoire

Les Jeux olympiques sont nés en Grèce en l'an −776 dans la ville d'Olympie. Ils se sont tenus tous les quatre ans pendant plus de mille ans ! La course à pied et à cheval, la boxe, la lutte, le saut en longueur ainsi que le lancer du javelot et du disque faisaient partie des Jeux olympiques antiques. Les vainqueurs ne recevaient pas de médaille, mais une couronne d'olivier. En 393, l'empereur romain Théodose 1er a interdit ces Jeux car il trouvait que c'était contraire à la religion chrétienne.

Fait étonnant, les athlètes des Jeux olympiques antiques ne portaient aucun vêtement, ils y participaient tout nus !

Les Jeux olympiques modernes

Dans les années 1890, le baron français Pierre de Coubertin a eu l'idée de relancer les Jeux olympiques. La première édition s'est déroulée en 1896 à Athènes, en Grèce, et a réuni quelque 245 athlètes de 14 pays. Toutefois, aucune femme n'a pu y participer...

Les cercles du drapeau olympique représentent les cinq continents et symbolisent la réunion des athlètes en provenance du monde entier.

Des Jeux qui évoluent

Les femmes ont fait leur première apparition aux Jeux olympiques de Paris, en 1900, où elles participaient aux épreuves féminines de tennis et de golf. En 1924 apparaissaient les **Jeux olympiques d'hiver** à Chamonix, en France. Certains sports olympiques comme le croquet ou le tir à la corde ont disparu, tandis que de nouvelles disciplines font tout juste leur apparition, comme le surf ou la planche à roulettes. Les Jeux olympiques réunissent aujourd'hui près de 11 000 athlètes provenant de plus de 200 nations.

Le **tir à la corde** ne fait plus partie des sports olympiques.

Les Jeux olympiques de Paris, en 2024, doivent offrir pour la première fois une participation égale d'hommes et de femmes.

Les Jeux paralympiques

Après la Seconde Guerre mondiale, en Angleterre, un médecin soignant les soldats blessés a l'idée d'organiser des épreuves sportives disputées en fauteuil roulant. Cet événement qui a eu lieu en 1948 est à l'origine des premiers Jeux paralympiques. Aujourd'hui, ces Jeux sont ouverts aux athlètes du monde, hommes et femmes, qui ont un handicap physique, visuel ou mental.

Cours, saute et lance!

L'**athlétisme** regroupe plusieurs épreuves de course, de saut et de lancer. Ces sports parmi les plus anciens faisaient partie des Jeux de la Grèce antique. L'athlétisme moderne ressemble à celui d'autrefois avec diverses courses, des sauts en hauteur, en longueur ou à la perche, et des lancers : javelot, disque, poids, marteau.

Au **décathlon**, les athlètes doivent disputer 10 épreuves : 4 courses (100 m, 400 m, 110 m haies et 1500 m), 3 sauts (longueur, hauteur, perche) et 3 lancers (poids, disque, javelot).

100 m

course de haies

saut en hauteur

lancer du javelot

Une course d'endurance

Le **marathon** est une course longue distance, d'une quarantaine de kilomètres, apparue en 1896 aux Jeux olympiques d'Athènes. Cette épreuve célèbre un exploit légendaire vieux de 2500 ans, celui du soldat grec Philippidès. Il aurait couru 40 kilomètres entre les villes de Marathon et d'Athènes pour annoncer aux Grecs leur victoire contre les Perses. On dit que Philippidès serait mort d'épuisement à son arrivée...

Plusieurs grands marathoniens viennent de l'Afrique de l'Est. L'Éthiopien Abebe Bikila figure parmi les plus célèbres. Aux Jeux de Rome (1960), il a remporté sa première médaille d'or olympique en courant pieds nus !

L'art de la pirouette

Pour les Grecs anciens, la gymnastique permettait de maintenir l'équilibre entre le corps et l'esprit. On dit que c'était la discipline préférée des philosophes, qui faisaient des exercices physiques tout en réfléchissant. Dans les années 1810, en Allemagne, Friedrich Ludwig Jahn invente la gymnastique moderne en y intégrant des appareils comme la barre fixe, les barres parallèles et les anneaux.

Aujourd'hui, il existe plusieurs variantes de ce sport. La plus connue est la **gymnastique artistique**, qui consiste en une série d'épreuves sur des appareils ou au sol. La **gymnastique rythmique** est une variante qui mélange la danse et des figures avec ballon, cerceau, ruban, corde ou massue. Le **trampoline** est une autre variante, tout comme la **gymnastique acrobatique**, qui se pratique au sol en équipe et ressemble aux pyramides et aux acrobaties effectuées par les artistes de cirque.

En 1976, aux Jeux olympiques de Montréal, la Roumaine Nadia Comăneci a remporté les premières notes parfaites de l'histoire de la gymnastique olympique. Elle n'avait que 14 ans !

Le corps à corps

Un peu d'histoire

Dès la préhistoire, les humains devaient se battre pour se défendre et s'entraîner au combat. Il y a 5000 ans, en Mésopotamie (Moyen-Orient), on organisait déjà des compétitions. En Grèce, plusieurs sports de combat faisaient partie des Jeux olympiques de l'Antiquité. Des siècles plus tard, en Europe, les lutteurs sont devenus une attraction à la foire, un peu comme les clowns ou les jongleurs.

Plaquer l'adversaire au sol

Le but de la **lutte** est souvent de faire tomber l'adversaire et de plaquer ses épaules au sol. Néanmoins, il existe plusieurs variantes. Au Japon, les lutteurs de **sumo** doivent pousser l'adversaire à l'extérieur du cercle de combat ou lui faire toucher le sol par une autre partie du corps que les pieds. Au Togo, l'**evala** est un **rituel** qui marque le passage de l'adolescence à la vie adulte. Les jeunes subissent plusieurs épreuves, dont un combat de lutte, où ils doivent montrer leur endurance et leur courage.

La lutte est un sport millénaire en Iran. Encore aujourd'hui, c'est le sport national du pays.

Les lutteurs de sumo peuvent être très imposants. Certains pèsent près de 300 kg, l'équivalent d'un grizzly !

Fortifier l'esprit et le corps

Les arts martiaux sont des sports qui allient des techniques de combat et d'autodéfense. Ils visent par tradition à fortifier l'esprit autant que le corps et demandent une excellente maîtrise de soi. Autrefois enseigné par des moines, le **kung-fu** est à l'origine de plusieurs arts martiaux. En Chine, il est pratiqué tant par les hommes que par les femmes depuis plusieurs siècles.

Plus qu'un sport de combat

Originaire du Japon et inspiré du kung-fu, le **karaté** utilise toutes les armes naturelles du corps : mains, coudes, bras, pieds, genoux et tête. En plus des combats, les épreuves peuvent prendre la forme de démonstrations. Les athlètes doivent alors présenter des **mouvements chorégraphiés** ou encore casser des planches en bois, des blocs de glace, etc.

Au Japon, les arts martiaux tels que le karaté et le judo sont si importants qu'ils sont enseignés à l'université !

Les athlètes de nombreux arts martiaux portent une ceinture dont la couleur correspond à leur degré de pratique et de connaissance des différentes techniques.

L'art du pied et du poing

Le mot « **taekwondo** » signifie « art du pied et du poing ». Ce sport originaire de la Corée du Sud est caractérisé par une action rapide et spectaculaire où plusieurs coups sont donnés très haut avec les pieds. Dans un combat, les adversaires tentent de marquer des points en visant des zones cibles au-dessus de la ceinture de l'opposant.

L'art de la souplesse

Le **judo** est une forme de lutte où les combattants doivent projeter leur adversaire au sol. Cet art martial a été inventé en 1882 au Japon par le maître Jigorō Kanō. On dit qu'il s'est inspiré des branches les plus souples d'un arbre, qui plient sans se casser sous le poids de la neige. Le judoka ne s'oppose pas à la force de son adversaire, il l'utilise plutôt pour la retourner contre lui.

La **capoeira** est un art martial né il y a plusieurs siècles au Brésil. Il était pratiqué en secret par les esclaves africains, qui avaient interdiction de se battre. Pour camoufler leurs combats, ceux-ci faisaient des **mouvements chorégraphiés** ressemblant à une danse.

Croiser l'épée avec élégance

L'**escrime** est née il y a plusieurs centaines d'années en Europe, à une époque où l'art de croiser l'épée était très prisé. À tel point qu'on avait autrefois l'habitude de régler les conflits par des duels à l'épée !

Aujourd'hui, on ne risque plus de mourir après un combat... Des épées inoffensives comme le fleuret, léger et muni d'une pointe en forme de bouton, ont remplacé les armes à lame tranchante. La création de règles pour le combat et le port de vêtements protecteurs ont permis à l'escrime de devenir un sport ouvert à tous. En compétition, un fil électrique relie l'escrimeur et son arme à un tableau d'affichage, ce qui permet de déterminer où les coups sont portés et combien sont valables.

UNE FORME JAPONAISE D'ESCRIME

Au Japon, le **kendo** est la version moderne des combats de sabre que se livraient les samouraïs durant le Moyen Âge. Cet art martial se pratique aujourd'hui avec un sabre en bambou, ce qui permet des contacts sans danger.

Les premiers jeux de balle

Un peu d'histoire

Les peuples d'Amérique centrale et du Mexique jouent à la balle depuis plus de 3000 ans. Chez les Mayas et les Aztèques, ces jeux permettaient de résoudre des conflits entre ennemis. Ils faisaient aussi partie de **rituels** religieux, parfois accompagnés de sacrifices humains! Deux équipes devaient se renvoyer une lourde balle de caoutchouc à coup de hanches ou de cuisses sur un terrain délimité par d'épais murs de pierres. La balle ne devait pas toucher le sol et il était interdit de la frapper avec les mains ou les pieds.

Aujourd'hui, des communautés mexicaines font revivre le jeu de balle des Aztèques. La version moderne du sport est appelée « **ulama** ».

DU BAGGATAWAY À LA CROSSE

Les Premières Nations de la vallée du Saint-Laurent (Canada) jouaient au **baggataway**, un sport d'équipe se pratiquant avec une balle et un bâton muni d'un filet. Ce jeu pouvait rassembler des centaines de joueurs sur d'immenses terrains; les buts étaient parfois distants de plusieurs kilomètres! À leur arrivée en Amérique, les Français vont appeler ce sport la « **crosse** » car ils trouvaient que le bâton ressemblait à une crosse d'**évêque**.

La « balle au pied », d'hier à aujourd'hui

Qu'on l'appelle « **soccer** » ou « **football** », le sport le plus populaire du monde a des origines anciennes. Dans les parties de **cuju**, un jeu apparu en Chine il y a plus de 2000 ans, on frappait déjà du pied un ballon en cuir rempli de plumes.

Au Moyen Âge, des formes primitives de football existaient en Angleterre (**shrovetide football**) et en France (**soule**). Il s'agissait de sports violents et désorganisés opposant parfois des villages entiers. Il n'y avait ni règles ni limites de joueurs. Le ballon pouvait être porté, frappé du pied ou des mains, tous les moyens étaient bons pour le mener au but. Ce dernier pouvait être un mur, une porte d'église ou même une mare d'eau ! Un jeu similaire, appelé « **calcio florentin** », s'est développé en Italie à la Renaissance. Le sport que l'on connaît aujourd'hui, avec ses règles strictes où il est interdit d'utiliser les mains pour marquer, est né en Angleterre il y a tout juste 150 ans.

La Coupe du monde de football est l'un des événements sportifs les plus suivis aujourd'hui, avec des centaines de millions de téléspectateurs à travers le monde.

Les sports de balle et de ballon

Du rugby au football américain

Le **rugby** est né en Angleterre il y a près de 200 ans. En s'inspirant des formes médiévales de football, des étudiants de la ville de Rugby ont établi les règles de ce sport de ballon joué à la main et au pied. La première rencontre «internationale» de rugby a eu lieu en Écosse en 1871. Elle opposait l'Écosse et l'Angleterre.

Dérivé du rugby, le **football américain** est le sport le plus populaire aux États-Unis. Depuis 1966, la finale du Super Bowl réunit chaque année les deux meilleures équipes américaines. Diffusée à la télévision, elle est regardée dans plus de 200 pays par près de 100 millions de téléspectateurs.

LE RUGBY EN AFRIQUE DU SUD

En 1995, la Coupe du monde de rugby était disputée en Afrique du Sud. En finale, le pays hôte a battu la Nouvelle-Zélande avec, pour la première fois, un joueur noir dans son équipe nationale. L'Afrique du Sud venait alors de mettre fin à plusieurs décennies d'**apartheid**, un système raciste. Cette victoire a été soulignée par de grandes célébrations multiraciales. Nelson Mandela, le premier président noir du pays, a remis la coupe aux gagnants.

À la batte!

Le cricket et le baseball se jouent avec une balle et un bâton, ou « batte ». L'objectif est de frapper la balle lancée par l'adversaire et de l'envoyer le plus loin possible afin d'avoir le temps de courir d'un but à l'autre (au baseball) ou d'un guichet à l'autre (au cricket) pour marquer des points. Chaque équipe alterne au lancer et au bâton.

On pense que le **cricket** est dérivé d'un jeu d'enfant apparu en Angleterre au Moyen Âge. Transformé en sport, il s'est répandu au dernier siècle dans les pays du **Commonwealth**, surtout en Inde et au Pakistan où il est devenu un sport extrêmement populaire. À Ahmedabad, en Inde, un gigantesque stade de cricket peut accueillir plus de 100 000 spectateurs !

Similaire au cricket, le **baseball** se joue en Amérique du Nord depuis près de 200 ans. Il est apprécié dans les îles des Antilles, particulièrement en République dominicaine, d'où proviennent un grand nombre de joueurs professionnels.

Le joueur de cricket frappe la balle avec une batte de bois.

Les femmes jouent au baseball en Amérique du Nord depuis au moins 150 ans. Une ligue féminine professionnelle s'est même développée dans les années 1940, pendant la Seconde Guerre mondiale, pour remplacer les hommes des ligues majeures qui étaient partis au front.

Marquer des « paniers »

Le **basketball** est le sport d'intérieur le plus populaire au monde. Deux équipes essaient de marquer des points en lançant le ballon dans le panier adverse, suspendu à trois mètres du sol. Ce sport a été inventé en 1891 au Massachusetts (États-Unis) par un professeur d'éducation physique. Celui-ci cherchait un jeu intérieur pour garder ses étudiants en forme durant l'hiver. Au départ, il leur faisait lancer le ballon dans un simple panier de fruits suspendu. Il fallait aller le récupérer après chaque point. On a alors eu l'idée de percer un trou au fond du panier...

Pour se déplacer avec le ballon, les joueurs et joueuses de basketball doivent dribler, c'est-à-dire faire rebondir le ballon entre le sol et la main.

En Argentine, il existe une sorte de basketball à cheval. C'est le « **pato** ».

LE BASKETBALL SOUS TOUTES SES FORMES

Le basketball se décline en de nombreuses variantes. Le *streetball* (basketball de rue) est une forme simplifiée qui permet de jouer un contre un. Il existe aussi du basketball aquatique, du basketball en fauteuil roulant et même du basketball sur monocycle !

À la volée

Au **volleyball**, deux équipes s'affrontent, chacune de son côté du filet. Les joueurs doivent frapper un ballon de leurs mains afin de le faire passer par-dessus le filet et tomber en zone adverse. Ce sport doit son nom au fait que le ballon est volleyé, c'est-à-dire frappé « à la volée », avant qu'il ne touche le sol. Inventé en 1895 au Massachusetts (États-Unis), il est inspiré du basketball, du tennis et du badminton. Aujourd'hui, le volleyball est populaire partout dans le monde.

Originaire de Californie (États-Unis), le **volleyball de plage** se joue sur le sable et oppose deux équipes de deux.

SANS LES MAINS !

Dans certaines variantes de volleyball, les équipes se renvoient la balle de part et d'autre d'un filet en utilisant toutes les parties du corps, sauf les bras et les mains. C'est le cas du **sepak takraw**, un sport pratiqué dans les pays d'Asie du Sud-Est comme la Thaïlande et la Malaisie. Un jeu similaire appelé « **footvolley** » (volleyball de pied) est né au Brésil.

Le sepak takraw se joue avec une balle en rotin tressé.

Raquette à la main

Plusieurs sports se jouent avec une raquette. C'est le cas du tennis, le plus connu, mais aussi du badminton, du squash, du tennis de table, etc. Ces sports ont tous pour ancêtre le **jeu de paume**, développé en France il y a plusieurs siècles.

À l'origine, ce sport se jouait... sans raquette. Les joueurs s'échangeaient la balle en la frappant simplement avec la paume de la main, d'où le nom du jeu. Au fil du temps, un gant de cuir est apparu pour protéger la main qui frappe. Puis est arrivé le battoir, une sorte de palette de bois, et enfin la raquette, dont la tête est faite de cordes entrelacées.

LA PELOTE BASQUE

La **pelote basque** descend directement du jeu de paume. Ce sport est très populaire dans le Pays basque, une région montagneuse chevauchant la frontière entre la France et l'Espagne. Selon les variantes, la pelote basque se joue à main nue, avec une raquette de bois (pala) ou encore une chistera (long panier recourbé). Les joueurs doivent se renvoyer une balle en alternance en la propulsant contre un mur.

La chistera (à gauche) et la pala (à droite) peuvent être utilisées à la pelote basque.

La naissance du tennis

Dérivées du jeu de paume, les règles du **tennis** moderne ont été définies en Angleterre il y a près de 150 ans. Lors d'un match, les adversaires frappent tour à tour la balle pour la renvoyer par-dessus un filet. On marque un point lorsque l'adversaire ne peut pas retourner la balle.

Depuis ses débuts, le tennis est aussi populaire chez les femmes que chez les hommes. C'est l'un des rares sports où les montants d'argent attribués aux vainqueurs des grands tournois ont atteint la parité (égalité) hommes-femmes.

D'une raquette à l'autre

Particulièrement populaire en Chine, le **tennis de table** est joué sur une table divisée par un filet. Les joueurs, très rapides, se renvoient la balle au moyen de petites raquettes de bois.

Au **badminton**, les athlètes se servent d'une raquette ultralégère pour se renvoyer un volant, souvent fait de plumes. Ce sport est apprécié en Asie, notamment en Indonésie où il est un sport national.

Le **squash** est un sport de raquette qui se joue dans une pièce fermée. La balle peut rebondir sur tous les murs et même sur le plafond ! On raffole de ce sport en Égypte.

On glisse !

Dès la préhistoire, les habitants des pays nordiques ont eu l'idée d'attacher des planchettes de bois à leurs pieds pour se déplacer sur les étendues enneigées. Ce sont les premiers skis. Des morceaux de skis vieux de quelque 8000 ans ont été découverts en Russie.

Les diverses formes de ski

Le **ski de fond** est pratiqué depuis des milliers d'années en **Scandinavie**. Il est devenu un sport après avoir été d'abord un moyen de transport. Le **ski alpin** et le **saut à ski** ont été développés en Norvège dans les années 1850 grâce au skieur Sondre Norheim. Celui-ci a créé des skis à bords recourbés et avec fixations rigides pour faciliter les sauts et les virages dans les pentes.

DE LA LUGE AU BOBSLEIGH

Bien que la **luge** soit un moyen de transport depuis des millénaires, elle est devenue un véritable sport il y a tout juste 140 ans, en Suisse, où ont été développées les premières pistes. Dérivé de la luge, le **bobsleigh** est un traîneau doté d'une carrosserie **aérodynamique**. Sa vitesse peut atteindre près de 150 km/h !

Les origines du patin

Vieux de milliers d'années, les plus anciens **patins à glace** viennent de **Scandinavie** où ils servaient à se déplacer sur les rivières et les lacs gelés. Les premières lames étaient faites d'os de grand animal (renne, élan) attachés à des chaussures avec des languettes de cuir.

Le patinage est devenu un sport en Hollande (Pays-Bas), où ont été inventés au Moyen Âge les patins munis d'une lame de fer aiguisée. Des courses étaient organisées sur les cours d'eau gelés. Aux Pays-Bas, quand l'hiver est assez froid, on organise l'Elfstedentocht, une grande course de **patinage de vitesse** qui relie 11 villes sur quelque 200 kilomètres de glace naturelle.

Le **patinage artistique** a été lancé dans les années 1860 par un danseur américain du nom de Jackson Haines, qui a intégré au patinage sur glace des mouvements inspirés du ballet.

Le **hockey sur glace** est né dans les années 1870 au Canada. Il est dérivé de plusieurs jeux de balle se pratiquant avec un bâton comme le shinty, une forme de hockey sur gazon originaire d'Écosse, et le bandy, qui se jouait autrefois sur les champs gelés d'Angleterre.

Des sports au fil de l'eau

L'eau est un terrain de jeu propice à une grande variété de sports. Plusieurs d'entre eux font d'ailleurs partie des disciplines olympiques : natation, water-polo, plongeon, aviron, canoë-kayak, voile, surf... Certains de ces sports, appelés « sports nautiques », se pratiquent à l'aide d'une embarcation.

Le **kayak** a été inventé par les populations autochtones du Grand Nord. Depuis des siècles, cette embarcation fermée, facile à manœuvrer, leur permet de filer dans des eaux glaciales et agitées.

En 2020, à Nazaré (Portugal), la surfeuse brésilienne Maya Gabeira a glissé sur une vague de 22,5 m de haut, l'équivalent d'un immeuble de 7 étages !

L'art d'affronter la vague

Devenu fort populaire, le **surf** fait partie des nouveaux sports olympiques. Pour le pratiquer, il faut une planche et... une vague. Les surfeurs glissent sur la vague et effectuent des manœuvres difficiles en équilibre sur leur planche. Le surf est né il y a plusieurs centaines d'années dans les îles de l'océan Pacifique. À Hawaï, savoir affronter une vague est un art très ancien.

Être comme un poisson dans l'eau

Les humains savent nager depuis les temps préhistoriques, mais la **natation** est un sport depuis seulement 200 ans. À l'époque, des compétitions de brasse étaient organisées en Angleterre. Au fil du temps, le sport s'est répandu et d'autres types de nage sont apparus, comme le crawl et le papillon.

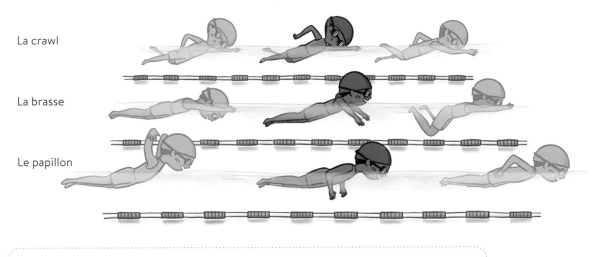

La crawl

La brasse

Le papillon

> Au **plongeon**, les athlètes doivent sauter d'une plateforme ou d'un tremplin et réaliser des figures avant d'entrer dans l'eau sans trop d'éclaboussures.

NAGE ET MARQUE!

Le **water-polo** est un sport qui oppose deux équipes dans une piscine. On marque un point en lançant le ballon dans le but adverse. Les joueurs sont d'excellents nageurs, car ils ne sont pas autorisés à prendre appui ni à toucher le fond du bassin. Ce sport est très populaire en Hongrie, où il est un sport national.

Ça roule!

Un peu d'histoire

Bien que la roue ait été inventée il y a plus de 5000 ans, la bicyclette n'existe que depuis 1817, année où le baron allemand Karl von Drais crée la draisienne. C'est un vélo primitif composé d'une simple barre sur deux roues, sans freins ni pédales. Le vélocipède, premier vélo à pédales, a été inventé en France dans les années 1860. Évoluant sans cesse, la **bicyclette** est vite devenue populaire en Europe et en Amérique, puis partout dans le monde. C'est encore aujourd'hui un formidable moyen de transport, écologique et accessible.

Très simple, la draisienne permettait de courir tout en restant assis.

De grandes épreuves cyclistes

La première course de vélo sur route a lieu en 1869 entre Paris et Rouen. Le gagnant a mis plus de 10 heures pour parcourir 123 kilomètres. À titre de comparaison, les meilleurs cyclistes parcourent aujourd'hui la même distance en près de trois heures. L'une des courses d'endurance les plus difficiles est une traversée de la Russie où les cyclistes doivent parcourir plus de 9000 kilomètres entre Moscou, ville d'Europe, et Vladivostok, située à l'extrême est de l'Asie.

Créé en 1903, le Tour de France est une course célèbre de 21 étapes sur quelque 3500 kilomètres.

Comme sur des roulettes

Les premiers **patins à roulettes** ont été conçus dans les années 1760 par le Belge Jean-Joseph Merlin. Voulant rendre son invention populaire, celui-ci s'est présenté à un bal chaussé de ses drôles de patins. Incapable de se diriger ni même de freiner, il s'est blessé en percutant un miroir... Cent ans plus tard, l'américain James Plimpton invente des patins à roulettes beaucoup plus faciles à contrôler, qui vont vite conquérir le monde.

À fond la caisse

En 1885, l'allemand Karl Benz fabrique un tricycle à moteur considéré comme la première vraie automobile. Très vite, les constructeurs automobiles commenceront à s'affronter entre eux pour battre des records de vitesse. C'est le début des **courses automobiles**.

Les premières **planches à roulettes** ont été conçues en Californie dans les années 1950 par des amateurs de surf qui voulaient pratiquer leur sport sur la terre ferme.

Il existe un **rallye-raid** hors-piste 100 % féminin. Les participantes, qu'on appelle « les Gazelles », traversent le désert marocain sans GPS ni téléphone, juste avec des cartes et une bonne vieille boussole.

LA COURSE DE L'AVENIR

Le World Solar Challenge est une compétition internationale de voitures solaires créée en 1987 pour encourager la recherche d'alternatives aux voitures polluantes. Les véhicules expérimentaux doivent traverser l'Australie sur plus de 3000 kilomètres avec le soleil pour unique carburant.

Activités

1. Dans toutes les langues

Français	Sport	
Anglais	Sport	se prononce « sport »
Espagnol	Deporte	se prononce « de-port-é »
Italien	Sport	se prononce « sport »
Allemand	Sport	se prononce « chport »
Mandarin	体育运动	se prononce « ti-yu-hwo-dong »
Arabe	رياضة	se prononce « riada »
Russe	спорт	se prononce « sporrt »

2. Qui suis-je ?

1. Je suis un sportif qui peut peser presque 300 kg, l'équivalent d'un grizzly !

2. Dans ce grand rallye-raid, je dois traverser le désert marocain sans GPS ni téléphone.

3. Je suis le sport le plus populaire aux États-Unis.

4. Au Portugal, j'ai surfé sur une vague haute comme un immeuble de 7 étages !

5. Sans freins ni pédales, je suis tout de même l'ancêtre de la bicyclette.

6. Je dois disputer toutes les épreuves sportives... nu comme un ver.

7. Développé en France il y a plusieurs siècles, je suis l'ancêtre de tous les sports de raquette.

8. Je suis une longue course de patinage de vitesse reliant 11 villes sur près de 200 km.

9. À 14 ans, j'ai reçu les premières notes parfaites de l'histoire de la gymnastique olympique.

10. Je peux tirer à l'arc tout en conduisant un char roulant à pleine vitesse !

3. Associe chaque sport à une pièce d'équipement

1. Taekwondo   2. Crosse   3. Rugby   4. Cricket   5. Kayak   6. Athlétisme
7. Volleyball de plage   8. Sepak takraw   9. Cyclisme   10. Pelote basque

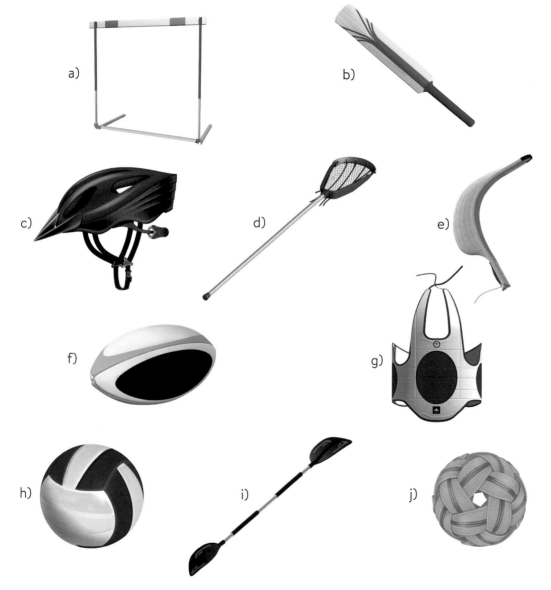

a)

b)

c)

d)

e)

f)

g)

h)

i)

j)

Glossaire

Aérodynamique : Dont la forme permet de fendre l'air à toute vitesse.

Apartheid : Système raciste qui était en place en Afrique du Sud de 1948 à 1991. Dans ce système, les dirigeants blancs discriminaient les personnes noires en les privant de leurs droits.

Commonwealth : Ensemble de pays qui inclut le Royaume-Uni ainsi que plusieurs pays qui faisaient autrefois partie de l'Empire britannique. Par exemple, l'Inde, l'Australie et le Canada font partie du Commonwealth.

Évêque : Dans l'Église catholique, prêtre qui est à la tête d'une région.

Fresque : Grande peinture réalisée sur un mur ou sur la paroi d'une grotte, d'un rocher.

Mouvement chorégraphié : Mouvement qui fait partie d'une composition harmonieuse et bien réglée, semblable à une danse.

Prédateur : Animal chasseur. Le tigre est un prédateur.

Rituel : Cérémonie ou actions pratiquées toujours de la même façon en suivant certaines règles.

Scandinavie : Grande région du nord de l'Europe.

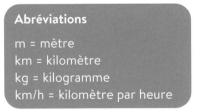

Abréviations

m = mètre
km = kilomètre
kg = kilogramme
km/h = kilomètre par heure

Réponses aux activités

Qui suis-je ? : 1 – Lutteur de sumo ; 2 – Gazelle ; 3 – Football américain ; 4 – Maya Gabeira ; 5 – Draisienne ; 6 – Athlète des Jeux olympiques antiques ; 7 – Jeu de paume ; 8 – Elfstedentocht ; 9 – Nadia Comăneci ; 10 – Pharaon d'Égypte

Équipement sportif : 1 – g ; 2 – d ; 3 – f ; 4 – b ; 5 – i ; 6 – a ; 7 – h ; 8 – j ; 9 – c ; 10 – e